Eichhörnchen Molli begleitet dich bei deiner Arbeit. Molli kennt die Rechtschreibregeln und kann sie dir erklären.

Lies immer genau, was Molli sagt!

W0307569

Mitsprechwörter

Im ersten Kapitel geht es um **Laute**. Sie entstehen beim Sprechen. Du hörst sie, aber du siehst sie nicht. Nur wenn du die Laute aufschreibst, siehst du sie als Buchstaben.

1 Zu jedem Bild gehört ein Wort. Sprich dieses Wort sehr langsam Laut für Laut. Male für jeden Laut einen Kreis. Schreibe das Wort darunter.

OOO	OOOO	OOOOOO
Hut	Rose	Rakete

OOOO	OOOOOO	OOOOOOO
Nase	Banane	Telefon

OOOO	OOOOOO	
Ente	Tomate	Krokodil

(Die Lösung findest du unter 1 im **herausnehmbaren Lösungsteil** nach Seite 48.)

Vokale (Selbstlaute) und Konsonanten (Mitlaute)

Es gibt **Vokale** und **Konsonanten**. Vokale klingen selbst, also alleine:
a, e, i, o, u.
Alle anderen Buchstaben des Abc sind Konsonanten.

2 Das Eichhörnchen sammelt die Vokale (Selbstlaute) auf. Setze die fehlenden Buchstaben in die Wörter ein.

Hut   Nase   gut   Dose   Blume   rot
Tomate   Junge   Rakete   bunt

(Die Lösung findest du unter **2** im herausnehmbaren Lösungsteil nach Seite 48.)

Mit dem folgenden Merkspruch kannst du dir die Vokale gut merken.

Deine Hand zeigt dir im Nu:

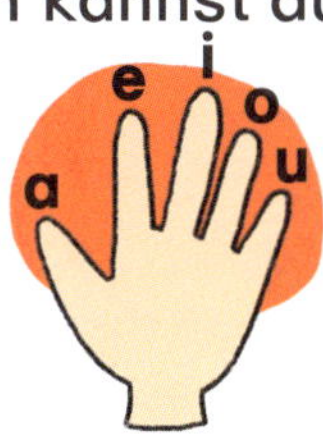

3 Schreibe zuerst jedes Wort auf die Zeile darunter.
Sprich jeden Laut deutlich mit.

g	u	t

O	p	a

D	o	s	e

b	a	d	e	n

gut, Opa, Dose, baden

Male jetzt Kästchen mit Vokalen **rot**, Kästchen mit Konsonanten **blau** aus.

4 Schreibe unter die Bilder die passenden Wörter. Sprich die Laute langsam und deutlich mit. Für jeden Laut schreibst du einen Buchstaben!
Male die Kreise für Vokale **rot**, für Konsonanten **blau** aus.

Ast

Ente

Hase

Tomate

5 Zaubere neue Wörter! Tausche die blauen Konsonanten durch einen Konsonant von diesen aus: **F**, **W**, **D**.

Hut

Rose

Laden

Umlaute

Aus den **Vokalen** a, o, u bildest du die **Umlaute** ä, ö, ü.
Beispiele:
Käse, Flöte, Tür.

6 Die Wörter hier wurden leider abgeschnitten.
Kannst du sie auf die Zeilen darunter schreiben?

die rote Blüte

alte Äste

fünf Hüte

ein böser Löwe

7 Hier haben sich vier Wörter mit Umlauten versteckt. Finde die Wörter, markiere sie und schreibe sie auf.

A	F	S	R	M	K
B	L	Ü	T	E	Ä
P	Ö	E	Ü	T	L
U	T	E	S	X	T
G	E	M	Ü	S	E
A	B	C	E	Y	G

Au/au

8 Kannst du die Purzelwörter mit **Au/au** aufschreiben?

M s au

au b L

f b g Au e a

u s g Au t

9 Schreibe unter die Bilder die passenden Wörter.
In jedem Wort steckt der Doppellaut **Au** oder **au**.

 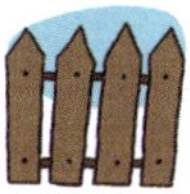  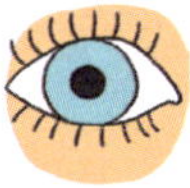

10 Schreibe die Reimwörter darunter.

grau	aus	Kraut
Fr	r	l
gen	H	H

Wenn du dieses Zeichen siehst, darfst du auf **Seite 95** das Feld mit der entsprechenden Nummer ausmalen. Wenn du alle Felder ausgemalt hast, bist du **Rechtschreibkönig**.

Sch/sch und ch

Probier es aus! Sprich Da**ch**, **Sch**ule oder Fi**sch**:
Du hörst für die fett gedruckten Buchstaben jeweils nur **einen** Laut.

11 Male für jeden Laut einen Kreis.

Schal	acht	Hals	Busch	Hose
OOO				

12 Sieh dir jedes Wort von Aufgabe **11** genau an und schreibe es auf. Sprich jeden Laut leise mit.

13 Sprich zu jedem Bild deutlich das Wort. Schreibe nur die Wörter auf, in denen **ch** oder **Sch/sch** vorkommt.

14 In den folgenden Zungenbrechern haben sich viele **ch** und **sch** versteckt. Kreise sie ein. Versuche doch einmal die Sprüche ganz schnell zu sprechen.

Schneiders Schere schneidet scharf,
scharf schneidet Schneiders Schere.

Machen Drachen manchmal nachts freche Sachen,
oder lachen Drachen manchmal acht freche Lacher?

15 Was passt? Ergänze entweder **ch** oder **sch**. Lies den Satz zur Kontrolle zweimal durch und sprich die Wörter mit **ch** und **sch** besonders deutlich.

Na_____ dem Essen **wi**_____**e i**_____ mit einem **wei**_____**en Tu**_____ den **Ti**_____ ab.

16 Ergänze **ch** oder **sch**.

Ich stehe vor der **Kir**_____**e** und esse eine **Kir**_____**e.** Dann setze ich mich auf eine Bank neben einen **Bu**_____ und lese in einem **Bu**_____.

17 Schreibe die vier Wörter von Aufgabe 16 noch einmal auf. Sprich die Laute leise mit und unterstreiche **ch** und **sch**.

Dieses Zeichen bedeutet: Suche dir einen Partner, der dir das folgende Diktat diktiert. Schreibe auf den Block.

Merke: Am **Satzanfang** schreibst du groß. Nach jedem Satz steht ein **Punkt**.

1. Das Telefon ist laut.
2. Ich wasche die Tomate.
3. Die Banane ist schon alt.
4. Die Schule ist schön.
5. Die Maus ist im Haus.
6. Das Dach ist rot.

Kontrolliere bei jedem Wort, ob du es richtig geschrieben hast. Streiche falsche Wörter durch und schreibe sie richtig auf.

Male Feld 2 auf Seite 95 aus!

Harte und weiche Konsonanten

Kennst du die Pusteprobe? Mit der Pusteprobe findest du heraus, ob du B oder P, D oder T, G oder K schreibst.

Sie geht so: Du sagst zuerst deutlich b, dann p. Wenn du deine Hand dicht vor den Mund hältst, fühlst du bei **weichem** Konsonant (B, D, G) einen schwachen Luftstrom, bei **hartem** Konsonant (P, T, K) einen starken Luftstrom.

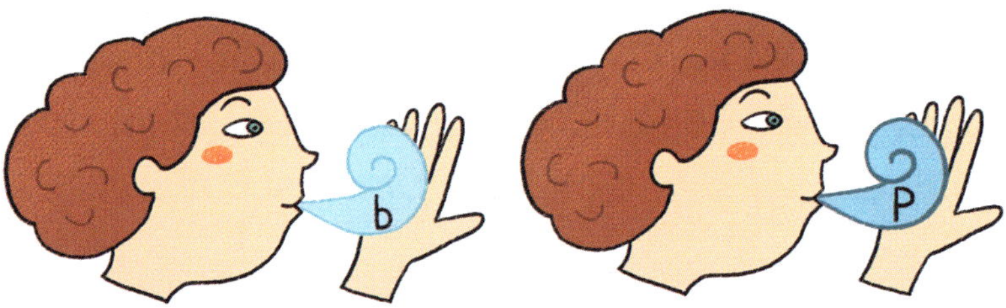

18 Mache die Pusteprobe. Unterstreiche jetzt weiche Konsonanten blau, harte Konsonanten rot.

Bach Tal Koch Pause Gras Dusche

Stelle die Wortpaare mit B/P, D/T und G/K zusammen.

19 Schreibe die gesuchten Wörter von links nach rechts in die Kästchen. Die Wörter beginnen entweder mit einem **weichen** oder einem **harten** Konsonant.

darin kannst du lesen	B
damit verschickst du etwas mit der Post	
das Gegenteil von hell	
die Schwester meiner Mutter ist meine	
dort werden Filme gezeigt	
Paprika, Erbsen und Bohnen nennt man	

Das Lösungswort heißt:

20 Kreise Dinge, die mit einem weichen Konsonanten beginnen, **blau** ein, Wörter mit einem harten Konsonanten am Anfang, **rot**. Schreibe jedes Wort dazu.

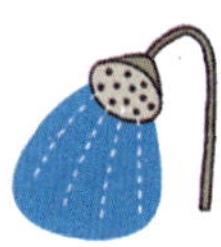

Wörter bestehen aus Silben

Wörter bestehen aus Silben. Mit **Silbenbögen** zeigst du die Silben: schön Nebel.

21 Wie viele Silbenbögen brauchst du für diese Tiere? Klatsche zu jeder Silbe und trage dann die Silbenbögen in die Kästchen ein.

22 Klatsche und trage die Silbenbögen ein.

Tom Paul Lisa Jonas Laura Benjamin

23 Trage alle Silbenbögen ein.

schön acht Sekunde Schale Pauline Ende

24 Ordne diese Wörter in die richtige Zeile ein. Klatsche zuerst, schreibe dann die Wörter mit Silbenbögen auf.

~~Hals~~	Blume	Auto	Tomate
Regenmantel	Maus	Minute	Osterhase

eine Silbe Hals

zwei Silben

drei Silben

vier Silben

25 Zu welchen 4 Früchten gehören die Silben in den Kästchen darunter? Male mit gleicher Farbe aus, was zusammengehört. Schreibe die Namen auf.

Bir	lo	na	Me	ne
Kir	ne	Ba	ne	sche

26 Zeichne zuerst die Silbenbögen.
Male dann die Vokale, Umlaute und Doppellaute in jeder Silbe **rot** an.

reisen singen sparen

lachen laufen wünschen

Kurze, aber wichtige Wörter

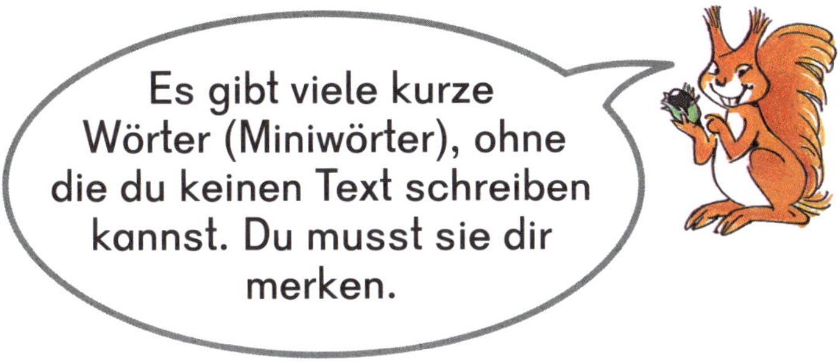

27 Die Miniwörter aus dem Kasten haben sich in den darunterstehenden Wörtern versteckt. Unterstreiche sie und streiche sie im Kasten durch!

~~der~~	als	auf	am	ein	er	ich	ist	um	und

Lampe	Blume	Schaufel	Schere	Stein
Licht	Mist	Le<u>der</u>	Mund	Hals

28 Auch Wörter mit **ih** musst du dir gut merken.
Setze die Wörter richtig in die Lücken ein.

ihm	ihr	ihre	ihn	ihrem

1. Mama ist krank. Luise hilft ________.
2. Leo hat Lena eingeladen. Sie schenkt ______ ein Buch.
3. Leonie räumt ________ Schuhe in den Schrank.
4. Marie spielt mit ________ Bruder.
   Sie hat ________ sehr gern.

29 Setze diese Miniwörter passend in den Text ein.
Streiche jedes eingesetzte Wort durch.

im	du	~~ich~~	meinen	wir	den	im	es	mit	wir	ich

Lea: „<u>Ich</u>___ feiere jedes Jahr zwei Geburtstage."

Jan: „Was _________ nicht sagst. _________ haben alle nur einen Geburtstag, weil _________ nur einmal geboren wurden."

Lea: „_________ Geburtstag feiere ich _________ Juni, _________ anderen im Dezember."

Jan: „Das gibt _________ nicht."

Lea: „Doch, _________ Dezember feiere _________ _________ dem Christkind."

30 Setze folgende wichtige Wörter richtig in die Sätze ein!

bin	sind	seid	ist	bist	ist

1. Ich ________ klein. Du ________ groß.
2. Tom ________ jung. Oma ________ alt.
3. Wir ________ schnell. Ihr ________ langsam.

Suche dir wieder einen Partner für das Satzdiktat.
Schreibe auf den Block.

1. Die Pause ist schön.
2. Der Koch war nicht unter der Dusche.
3. Sind Lisa und Paul auf dem Dach oder am Bach?
4. Ich lese ein Buch.
5. Der Rabe an der Tür ist auch dafür.

Seite 95

Großschreibung

Nomen (Namenwörter) schreibst du **groß**! Die meisten Nomen bezeichnen etwas, was du sehen, anfassen oder malen kannst.

31 Trenne die Wörter der Wörterschlange voneinander ab. Schreibe die Wörter auf!

Achte darauf, Nomen großzuschreiben. Alle anderen Wörter schreibst du klein!

Eis,

32 Schreibe die richtigen Nomen (Namenwörter) in die Lücken. Sie bezeichnen Menschen, Tiere, Pflanzen oder Dinge, die du auf dem Bild siehst. Schreibe sie groß!

Auf einem ________________ singt ein Vogel. Das Eichhörnchen läuft über einen ________________. Auf einer ________________ sitzen zwei Frauen. Hinter einem ________________ schaut ein ________________ hervor. Auf der Wiese blühen gelbe ________________. Zwei ________________ spielen mit einem Ball. Ein Junge sitzt auf der ________________.

Molli kennt noch eine Regel!

Vor Nomen kannst du einen **Artikel** (Begleiter) setzen! Die bestimmten Artikel heißen **der, die, das.**

33 Kennst du diese Tiere? Schreibe sie mit bestimmtem Artikel auf! Schreibe die Nomen groß!

34 Schreibe die Nomen in die richtige Spalte!

Raupe	Licht	Tasche	Kopf	Auge	Monat

der **die** **das**

Nomen
stehen in der **Einzahl**
oder in der **Mehrzahl**!

35 Schreibe die Nomen in der Einzahl und Mehrzahl auf!

ein

zwei

36 Bilde zusammengesetzte Nomen. Schreibe sie auf!

Karte	Apfel	Brot	Tuch
Hals	Wurst	Baum	Post

Apfelbaum,

37 Bei den folgenden Sätzen ist alles kleingeschrieben. Schreibe die Sätze richtig auf. Achte auf Groß- und Kleinschreibung!

der lehrer schreibt an die tafel.

tim schreibt in sein heft.

die kinder lesen im buch.

Nachdenkwörter

Bei vielen Wörtern musst du nur gut nachdenken, damit du sie richtig schreibst.

Am Wortende -er, -el, -en

Lies die folgenden Wörter laut. Sprich so, wie du es normalerweise tust.

Schwester	Bruder	Vater	Mutter

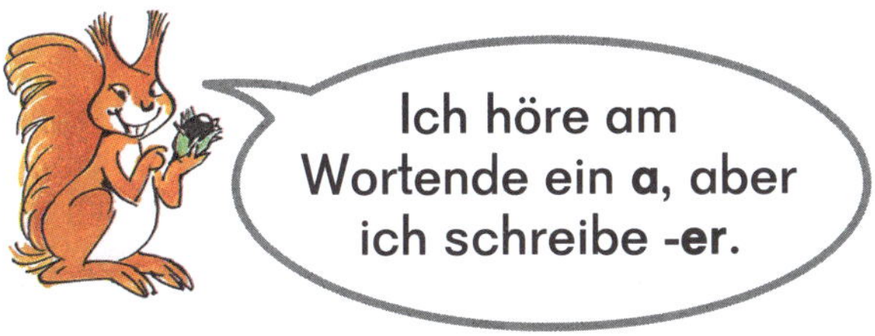

38 Trenne die Wörter der Wörterschlange durch Striche voneinander ab und schreibe sie auf.

Nun lies die Wörter laut. Sprich dabei am Wortende so deutlich, dass du -**er** hörst.

39 Schreibe die folgenden Wörter in der **Mehrzahl** auf.
Lies **laut** mit und sprich deutlich **-er** am Wortende.

Bild ______ Kind ______

Feld ______ Kleid ______

Kraut ______ Gras ______

40 Kennst du das **e**, das sich beim Sprechen gerne versteckt? Sprich die Wörter zu diesen Bildern.

Hast du etwa so gesprochen: Igl, Flügl, Ampl?

Überlege, wo sich das **e** versteckt hat, und **schreibe** die Wörter jetzt **richtig auf**.

______ ______ ______

41 Opa fragt seinen Enkel Moritz: „Was gefällt dir in der Schule besonders?“ „Vieles“, sagt Moritz. Weil sich das **e** schon wieder versteckt hat, hört sich seine Antwort so an:

maln lachn redn schreibn lesn

Schreibe die Wörter jetzt richtig mit **zwei** Silben auf. Füge in der zweiten Silbe das **e** ein. **Sprich deutlich mit!**

ma-len,

Jede Silbe muss einen **Vokal** haben. Ich klatsche und spreche mit: Insel, Apfel, malen, lesen. Ich hole das **e** aus dem Versteck.

42 Wo haben sich diese Wörter in der Geheimschrift unten versteckt? Schreibe sie richtig in die Kästchen. Streiche die eingesetzten Wörter durch.

Wag**en**	Räd**er**	dunk**el**	Brud**er**	such**en**	Es**el**

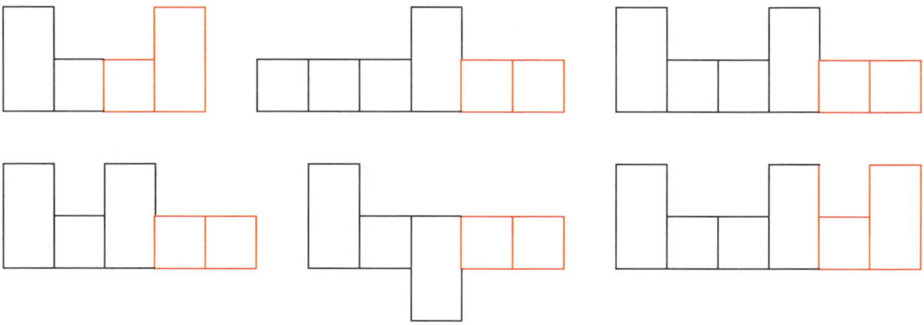

43 Male mit gleicher Farbe aus, was zusammengehört.

den	fer	fen	gen	dun	gel
Kä	fra	Flü	kel	kau	ba

Schreibe die 6 Wörter auf. Zwei schreibst du groß, die anderen klein.

44 In jeder Zeile hat sich ein Wort mit **-er**, **-el**, **-en** versteckt.
Markiere es **farbig**.

S	K	A	L	E	N	D	E	R	U
S	O	H	L	P	N	E	B	E	L
I	N	B	O	D	E	N	U	N	D
L	E	B	U	O	N	K	E	L	O
F	E	N	S	T	E	R	A	U	F
S	A	G	R	E	G	E	N	O	K

Schreibe jetzt die sechs Wörter auf.

Diesmal schreibst du ein **Text**diktat.

Der Käfer

Lena und Onkel Paul finden einen Käfer. Die Flügel sind schön. Lena und ihr Bruder malen den Käfer. Die Kinder freuen sich über ihre Bilder.

Eu/eu

Molli will dir zum Doppellaut **Eu/eu** etwas sagen:

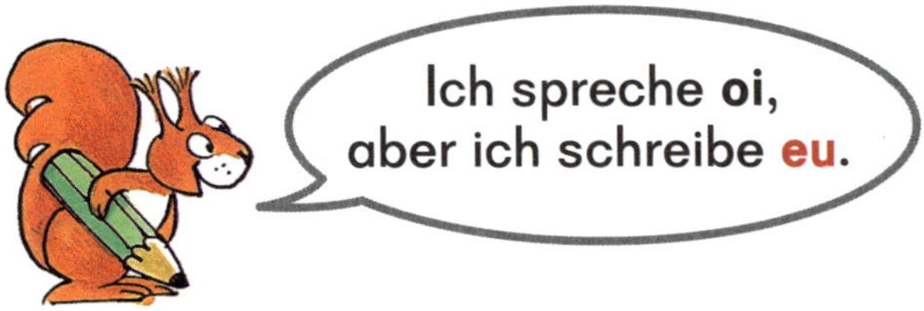

45 Unterstreiche jeweils den Doppellaut **eu**.

Ich freue mich, denn heute treffe ich meine Freunde.

Schreibe die drei Wörter auf, in denen du **eu** unterstrichen hast.

46 Was passt hier zusammen? Streiche die verwendeten Buchstaben durch, dann schreibe auf.

~~n~~ · F · L · fr — eu — er · en · ~~n~~ · te

neun,

47 Alle Lösungswörter müssen **Eu** oder **eu** haben.

1. So heißt der erste Tag in einem neuen Jahr.
2. Eine Katze fängt eine Maus. Die Maus ist ihre B...
3. Welches Wort fehlt: gestern, – , morgen?
4. Welche Zahl kommt vor zehn?
5. Gegenteil von billig
6. Tim mag Tom, und Tom mag Tim. Sie sind ...
7. Nachtvogel, der sich auf Beule reimt.
8. Gegenteil: Ein Auto ist alt, ein anderes ist ...
9. In Amerika bezahlt man mit Dollar, bei uns mit ...

1.	N			J		H			
2.									
3.									
4.									
5.									
6.			F						
7.									
8.									
9.									

Das Lösungswort heißt:

Ei/ei

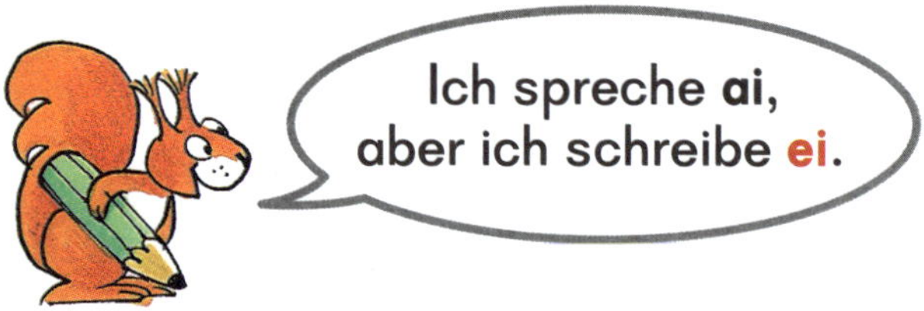

48 Unterstreiche jeweils den Doppellaut **ei**.

Mein Eichhörnchen hilft mir bei der Arbeit.

Schreibe die vier Wörter auf, in denen du **ei** unterstrichen hast.

49 Schreibe die Wörter zu den Bildern auf.

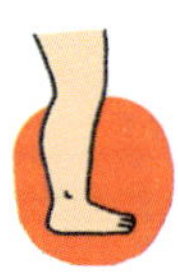

50 Fülle die Lücken aus.

Nach Donnerstag kommt ______________.

Ich zähle: eins, zwei, ______________.

Hände wasche ich mit Wasser und ______________.

51 Hier sind die Wörter mit **ei** durcheinandergeraten.
Male die **Nomen (Namenwörter) blau**, die **Verben (Tunwörter) rot**, die **Adjektive (Wiewörter) grün** an!

Zeit	leicht	reisen	leise	schreiben
schneiden	fein	Leiter	Freitag	

Ordne die Wörter richtig in die Tabelle ein!

Nomen	Verben	Adjektive

52 Schreibe immer das **Gegenteil** in die Lücken.
Die gesuchten Wörter haben alle ein **ei**.

ja		lachen	
groß		mein	
laut		arm	

Lange Pause

Heute freuen sich die Kinder. Sie bleiben nach der Pause lange Zeit im Hof. Mit Freunden lachen, schreien und laufen sie. Lena und Mia zeigen uns eine kleine Feder. Sie ist leicht und fein.

St/st und Sp/sp

Für Wörter wie **St**ern oder **St**unde weiß Molli eine Regel:

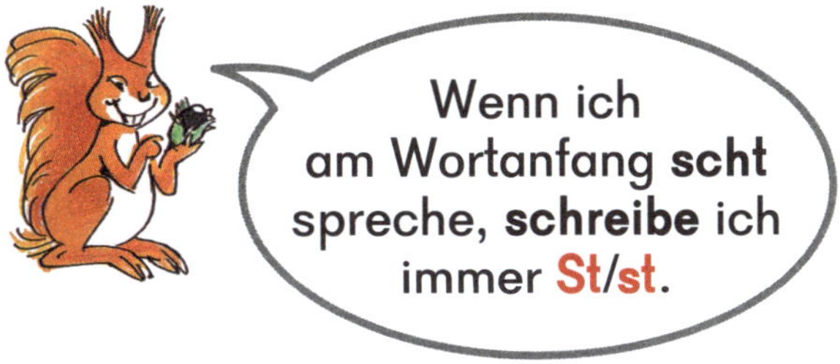

53 Unterstreiche nur die Wörter, bei denen du **scht** sprichst.

Stau August staunen Stirn kosten stolpern

54 Reimwörter zaubern: Setze **St** an den Anfang.

Kern	St	Wunde	
Bauch	Str	Lift	
Bein		Wange	

Eine ähnliche Regel gilt auch für Wörter wie **Sp**rudel oder **sp**ritzen.

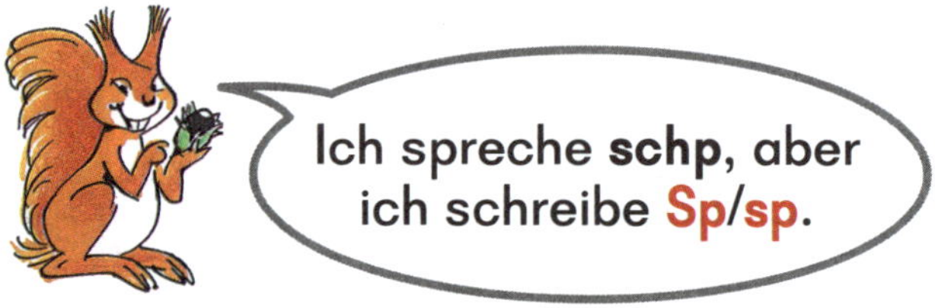

55 Füge **St/st** oder **Sp/sp** richtig ein.
Zwei Wörter schreibst du **groß**, zwei **klein**.

_____ortrad _____aren _____ein _____olpern

Schreibe jetzt die vier Wörter passend in die Lücken.

Moritz möchte für ein _______________ _______________.

Lea will nicht über einen _______________ _______________.

56 Ergänze **St/st** oder **Sp/sp**. Schreibe die Wörter auf.
Achte darauf: Nomen schreibst du groß!

____rauch		____ill	
____aren		____ark	
____ehen		____ort	

Ein schöner Schultag

Heute haben wir in der ersten Stunde Sport. Ich freue mich. Wir turnen an der Stange. Das macht stark. In der zweiten Stunde malen wir mit bunten Stiften. In der Pause springen wir von Stein zu Stein. Was für ein schöner Schultag!

7

Qu/qu

Molli sagt dir, worauf es bei den Wörtern mit Qu/qu ankommt.

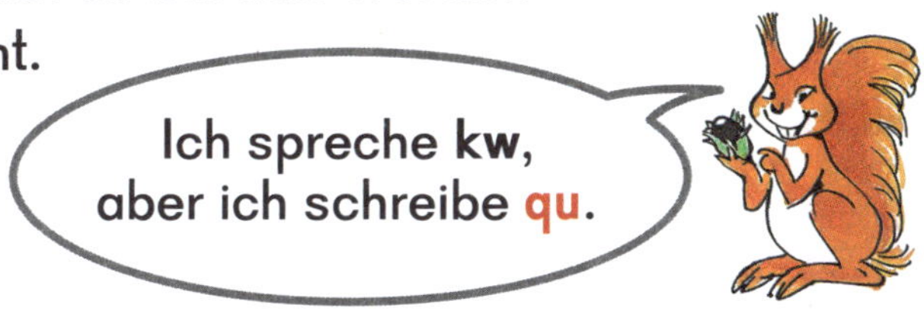

57 Schreibe die Wörter in die Kästchen.

quaken	Quadrat	bequem	Quark	quer

Ein r, das sich gern versteckt

In vielen Wörtern
hörst du das r nur sehr schwer.
Das r **versteckt** sich nämlich beim
Sprechen. Du sprichst „**Gaten**",
schreibst aber **Garten**.

58 Du lockst das **r** aus seinem Versteck, wenn du die Wörter in **Silben** sprichst.

Sprich jedes Wort laut und schreibe es mit **Silbenbögen** auf.

Birne	morgen	Erde	Garten	lernen
Pferde	turnen	Wurzel	warten	werden

Birne,

Im Garten

In unserem Garten ist ein Birnbaum. Der Baum hat starke Wurzeln. Mit meinen Eltern hole ich die Birnen herunter. Aus einer schaut ein Wurm heraus. Wir legen ihn auf die warme Erde.

8

ie

Diese Regel solltest du dir merken:

Ich schreibe für das lang gesprochene i fast immer **ie**.

59 Sicher kannst du jetzt aufschreiben, was du auf den Bildern siehst.

60 Reime und unterstreiche **ie**.

Wiege	biegen	vier
Z	fl	h
kriechen	schieben	Schiene
r	l	B
Riese	Tier	
W	v	

61 Welche Wörter mit **ie** verstecken sich denn hier?
Kannst du sie erkennen? Schreibe sie auf!

lieben	sieben	fliegen
riechen	spielen	

62 Aufpassen: Jedes Rätselwort hat ein **ie**.

1. Darauf fahren Züge.

2. Auf ihr wachsen Gras und Blumen.

3. Er ist das Gegenteil von einem Zwerg.

4. Dieses Tierchen sammelt Nektar und kann stechen.

5. Darauf kannst du schreiben oder malen.

6. Dieser Tag kommt vor Mittwoch.

Bienen

Viele Kinder fürchten sich vor Bienen, weil sie stechen. Anna spielt im Garten. Sie liebt diese kleinen Tiere. Eine Biene fliegt zu einer Blüte. Es ist schön, sie zu beobachten. Bienen stechen nur vor dem Bienenhaus oder wenn man sie angreift.

ä oder e und äu oder eu?

Ich schreibe ein
Wort mit ä, wenn ich es von
einem Wort mit a ableiten kann:
kälter kommt von kalt.

63 Bilde die **Mehrzahl**. Schreibe auf.

Ast	Äste	Nagel	
Fach		Apfel	
Glas		Nacht	
Dach		Garten	

64 Schreibe die passenden Wörter mit **a** auf.

Er ist älter. → alt

Mein Ei ist härter. →

Sie fängt mich. →

Die Säfte schmecken. →

Gräser sind grün. →

65 In die 1. Zeile schreibst du **Verben** mit ä. In die 2. Zeile schreibst du, von welchen Verben mit a du sie ableiten kannst.

1. Lea ______________.
2. ______________

1. Egon ______________ das Auto.
2. ______________

1. Mama ______________ ihr Baby.
2. ______________

1. Tom sch______________ den Nagel in das Brett.
2. ______________

Vorsicht:
Die Doppellaute **eu** und **äu** klingen gleich. Tipp: Du kannst Wörter mit **äu** fast immer von Wörtern mit **au** ableiten.

66 Leite ab. Schreibe die Einzahl der Wörter auf.

Häuser	Haus	Häute	
Räume		Kräuter	
Mäuse		Sträucher	
Bäuche		Bäume	

67 Immer zwei Wörter mit **ä** und **a** oder **äu** und **au** gehören zusammen. Male sie in der gleichen Farbe aus.

du hältst	Wärme	kalt	Mäuse
sie läuft	Traum	halten	träumen
warm	laufen	Maus	Kälte

Schreibe die Wortpaare zusammen auf.

Wärme-warm

68 Ergänze die Lücken richtig. Wörter, die du von **a** oder **au** ableiten kannst, schreibst du mit **ä** oder **äu**. Alle anderen schreibst du mit **e** oder **eu**.

H____te scheint endlich die Sonne. Die W____rme tut den L____ten gut. Nur in den N____chten ist es noch etwas k____lter. Mit seinem ____lteren Fr____nd Paul l____ft Felix im Garten barfuß über die warme ____rde. An den B____men sieht man schon die ____rsten Knospen. Wie der blaue Himmel l____chtet! Von diesem Wetter hat Felix lange getr____mt. Jetzt f____llt das L____rnen schw____r.

Die folgenden Wörter brauchst du für das Diktat. Merke dir besonders die **blau** markierten Stellen.

krumm	wenn

Eulen

Kinder mögen Eulen mit ihren riesigen Augen und krummen Schnäbeln. Eulen leben gerne in Wäldern. Sie jagen in den Nächten, wenn die Kinder träumen. Die Eule trägt ein weiches Federkleid. Sie fliegt lautlos, damit die Mäuse sie nicht hören. Ihre Beute schlingt sie ganz hinunter. Sie baut kein Nest und brütet oft auf dem Boden.

10

d oder t?

Manchmal weißt du nicht, ob der letzte Buchstabe ein **d** oder **t** ist. Verlängere das Wort und du hörst den Buchstaben genau: die Hun**d**e → der Hun**d**.

69 Übe jetzt das **Verlängern**. Sprich **zuerst** das Wort in der **Einzahl** laut. Nun sprichst du deutlich die **Mehrzahl**. Schreibe jetzt Einzahl und Mehrzahl auf.

	Hund	Hunde

70 Setze die Wörter richtig in die Lücken ein. Dabei werden sie verlängert und du hörst deutlich das **d**.

blind	fremd	gesund	Kind	Bild

Der ________________ Mann kann nichts sehen.

Die ________________ spielen gerne im Garten.

Obst und Gemüse sind ________________ Lebensmittel.

Tom und Eva malen schöne ________________.

Der ________________ Mann kommt aus London.

71 Findest du die **Reimwörter**?

Hund	Kind	Hand
M	s	W
r	W	S

g oder k, b oder p?

Lies das folgende Gedicht laut. Höre besonders auf die Wörter mit einem roten Buchstaben.

Die Henne legt ein Ei,
die Mutter kommt vorbei,
sie hebt das Ei vom Boden auf
und trägt es in die Wohnung hinauf.

Sie legt: Ich höre **k**,
aber ich schreibe g.
Sie hebt: Ich höre **p**,
aber ich schreibe b.

72 Bilde die Grundform der Verben, dann hörst du deutlich ein **weich** gesprochenes g oder b.

Lena **singt** ein Lied. kommt von singen

Er **bringt** einen Brief. kommt von

Wie lange **bleibst** du? kommt von

Lisa **lebt** in Köln. kommt von

73 Setze jeweils im 2. Satz die fehlenden Wörter ein.

1. Mia und Lina **liegen** auf dem .

2. Paul **liegt** auf dem **Sofa**.

1. Mia und Lina **fangen** den .

2. Paul ______________ den ______________.

1. Mia und Lina **schreiben** einen .

2. Paul ______________ einen ______________.

1. Mia und Lina **legen** das  auf den .

2. Paul ______________ das ______________ auf den ______________.

1. Mia und Lina **geben** dem  einen .

2. Paul ______________ dem ______________ einen ______________.

74 Bilde die **Mehrzahl** mit Artikel. Sprich dabei laut und du hörst, ob du **d/t** oder **g/k** schreiben musst.

der Freund	die Freunde
das Klei___	
der Ta___	
die Han___	
der Win___	
das Pfer___	
der We___	

75 Bilde von jedem Verb die **Grundform**, damit du weißt, ob du **g/k** oder **b/p** schreiben musst.

Mama pflegt Oma.	pflegen
Du sa__st ihm nichts.	
Du ü__st gerne Gitarre.	
Er lie__t seine Eltern.	
Max trä__t mich.	

Die Nacht in der Burg

Ben und Mia übernachten in einer alten Burg. Mia schläft schon. Nur Ben bleibt lange wach. Auf einmal hört er etwas. Singt da wer? Eine Eule? Unheimlich ist das. Ben sagt leise: „Mia! Mia!" Mia wacht auf. Beide halten sich an den Händen und schleichen auf den Gang hinaus.

Das Ende der Geschichte erfährst du beim nächsten Diktat.

Ein h, das du hören kannst

Manchmal
steht in einem Wort ein **h**, das
du erst hörst, wenn du das Wort
verlängerst. Sprich die verlängerte
Form deutlich und du hörst es:
der Wind we**h**t → we**h**en
das Re**h** → die Re**h**e.

76 Schreibe in der 1. Zeile jedes Wort in der **Mehrzahl** auf, damit du das **h** gut hörst. Nun kannst du in der 2. Zeile das Wort in der **Einzahl** richtig aufschreiben.

1. Dies sind meine neuen ______________________.

2. Dies ist mein neuer ______________________.

1. Hier stehen zwei nette ______________________.

2. Da steht noch eine nette ______________________.

77 Setze hier nun passende Verben ein.
Achte auch auf das **h**.

1. Die Eltern ______________ zu Fuß.
2. Papa ______________ zu Fuß.

1. Die Störche ______________ auf einem Bein.
2. Der Storch ______________ auf einem Bein.

Schon gespannt? Hier folgt der zweite Teil vom Diktat „Die Nacht in der Burg“.

Auf dem Dachboden steht eine Truhe. Dort bewegt sich etwas. Die Kinder fürchten sich. Mia geht hin. Die Kinder sehen ein kleines Gespenst. Es hat sich die Zehe eingeklemmt. Mia hilft dem Gespenst. Schon fliegt der Geist durch das Fenster in die warme Nacht hinaus.

Merkwörter

Manche Wörter musst du dir merken. Sie haben alle eine Stelle, auf die du aufpassen musst. Es ist ihre **Aufpass-Stelle.**

Merkwörter mit doppelten Konsonanten (Mitlauten)

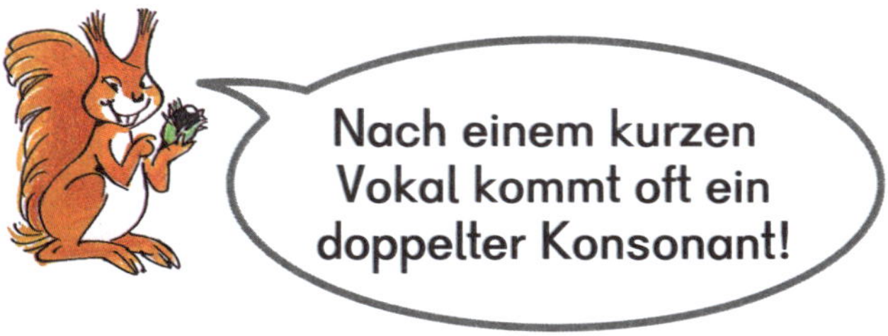

78 Setze die Wörter aus dem Kasten richtig in die Lücken ein. Unterstreiche die doppelten Konsonanten rot.

~~essen~~	fallen	füllen
stellen	bekommen	schwimmen

Die Kinder essen viel Obst und Gemüse.

Die Äpfel ______________ vom Baum.

Max und Lukas ______________ im See.

Mutter und Vater ______________ heute Besuch.

Wir ______________ Wasser in unsere Gläser.

Lea und Ina ______________ Blumen auf den Tisch.

79 Die Aufpass-Stellen haben sich nicht verändert. Schreibe wieder zwei gleiche Konsonanten in die Lücken. Wie lautet die Grundform?

Tom i____t einen Apfel. von essen

Lisa fä____t vom Baum. von

Fabian schwi____t im See. von

Vater ste____t die Kiste hin. von

Niko beko____t Taschengeld. von

Hanna fü____t das Glas. von

80 Im Wörtergitter sind **vier** Wörter versteckt. Jedes Wort hat den doppelten Konsonant ll. Suche von links nach rechts und von oben nach unten.

s	c	h	n	e	l	l	a
p	r	e	u	s	e	n	l
d	l	l	o	i	n	o	l
r	o	l	l	e	n	f	e

Bei zweisilbigen Wörtern mit doppelten Konsonanten kannst du bei langsamem Sprechen jeden Konsonant hören.

81 Hier sind die Silben durcheinandergeraten.

Male alle Silben, die zusammengehören, mit derselben Farbe an.

Son	mel	ser	ter	zu
ne	Som	Mut	sam	ler
Fül	men	mer	Was	Him

Schreibe die Wörter auf und unterstreiche die doppelten Konsonanten.

82 Schreibe die Wörter in der Mehrzahl in die Tabelle.
Sprich laut dazu.

Füller	Bett	Ball	Mutter	Mann	Tanne

nn	ll	tt

83 Zaubere Verben, indem du die Silben zusammensetzt.
Schreibe die Wörter auf.

sol-
fül-
fal-
wol-
rol-
stel-

len

Merkwörter mit ck und tz

34 Ergänze die Reime und unterstreiche **ck**.

Beim Bücken schmerzt mein ____________.
Der Ziegenbock trägt keinen ____________.
Eine kleine Zecke sitzt auf der ____________.

35 Der Koch hat Buchstabensuppe gekocht.
Kannst du die Wörter wieder zusammensetzen?

P l tz a

K e tz a

tz s e i n

Katze Susi

Meine Katze Susi sitzt gerne hinter unserer Hecke. Dort stelle ich ihr täglich frisches Wasser an ihren Platz. Im Sommer spielen wir im Garten mit dem Ball. Susi ist schnell. Oft setze ich sie auch in meinen Puppenwagen und rolle mit ihr hin und her.

Merkwörter mit V/v

86 Bilde Wörter mit V/v.

Merkwörter mit Dehnungs-h

87 Merke dir folgende Wörter mit einem stummen h.
Fahre sie nach!

Jahr Zahl Uhr Sohn Zahn Ohr

Schreibe die Wörter in der Mehrzahl auf!

38 Schreibe die Wörter mit Dehnungs-h auf den richtigen Zettel.

wohnen fahren zehn Sohn Frühling bezahlen
Ohr Verkehr Stuhl nehmen Uhr Jahr

oh

ah

eh

üh/uh

14

Noch mehr Merkwörter

89 Suche im Wörtergitter:
3 Merkwörter mit doppeltem Vokal,
4 Merkwörter mit ß.
Schreibe sie auf den richtigen Zettel.

e	r	S	c	h	n	e	e
H	a	a	r	e	i	k	r
u	t	w	a	i	e	g	r
T	e	e	F	ß	s	r	a
a	k	i	u	a	e	o	t
b	r	ß	ß	l	n	ß	e

ß

aa/ee

90 Welche Wörter werden hier gesucht?

Im Winter fällt vom Himmel ____________.
Auf dem Kopf wachsen ____________.
Ein Getränk mit drei Buchstaben ist ____________.
Manche Menschen sind klein, andere ____________.

91 Spure die Wörter zuerst nach.
Schreibe dann die Wörter nochmals auf.

Familie Igel Hexe
sechs Lexikon

92 Hier sind die Buchstaben durcheinandergepurzelt. Schreibe die Merkwörter richtig auf.

M z r ä

e M ch n ä d

K e f ä r

93 Was bedeuten diese Wörter? Ordne zu, indem du die gleichen Zahlen einträgst. Schreibe die Wörter auf deinen Block.

1	Christbaum		Stoffbär
2	Pizza		Gerät, das die Temperatur misst
3	Computer		dünne, lange Nudeln
4	Teddy		Säugling
5	Spagetti	1	Tannenbaum, den man an Weihnachten aufstellt
6	Thermometer		mit Tomaten und Käse überbackenes Hefegebäck
7	Baby		lange Sticks aus Kartoffeln
8	Cent		elektronischer Rechner
9	Pommes		kleine Einheit zum Euro

94 Verbinde die Bilder mit den passenden Adjektiven.

lieb	lecker	weich	bunt

Schreibe so auf den Block: **Der Teddy ist weich.**

Jonas ist krank

In der Nacht kann Jonas nicht schlafen. Sein Kopf ist heiß. Seine Füße sind kalt. Er legt sich auf den Rücken, dann wieder auf die Seite. Nun sitzt er im Bett. Mutter holt das Thermometer. Er hat Fieber. Seine Ohren schmerzen. Mutter kocht ihm einen guten Tee. Jonas muss sechs Tage im Bett liegen. Aber Vater liest seinem Sohn jeden Tag vor. Als er gesund ist, fährt er mit dem Bus zur Schule. Er freut sich auf die Buben und Mädchen in seiner Klasse.

15

Abschreib- und Merktraining

Wenn du die folgenden **sechs Schritte** beachtest, kannst du Wörter fehlerfrei abschreiben und sie dir **merken**.

1. Schau dir das Wort genau an.	bezahlen
2. Gibt es schwierige Stellen? Markiere diese!	beza**h**len
3. Schließe die Augen und stelle dir das Wort vor!	beza**h**len
4. Öffne die Augen und kontrolliere, ob du dir das Wort richtig vorgestellt hast.	beza**h**len
5. Decke das Wort zu und schreibe es auswendig auf.	bezahlen
6. Decke das Wort auf. Vergleiche Buchstabe für Buchstabe. Verbessere die Fehler.	beza**h**len

95 Wende bei den folgenden Wörtern die 6 Schritte an, die du soeben gelernt hast.

Äpfel

Garten

Mädchen

groß

Flügel

spielen

Christbaum

Thermometer

Fehler vermeiden

96 Es folgen drei Worträtsel zu Monatsnamen. Wenn du diese Rätsel aufmerksam liest, wirst du die gesuchten Wörter richtig schreiben.

Wir sind die beiden **ersten** Monate im Jahr. Wer uns **deutlich spricht**, kann uns auch richtig schreiben.

Ich bin der **vorletzte** Monat mit der Aufpass-Stelle **v**.

Ich bin der **letzte** Monat im Jahr. Achte auf mein Wortende.

97 Diesmal sollst du Zahlen erraten. Alle gesuchten Zahlen liegen zwischen 1 und 10. Schreibe die Zahlen als Wörter auf.

Ich bin die Hälfte von 10. Du schreibst mich richtig, wenn du mich **deutlich sprichst.**

Ich bin gleich die nächste Zahl und ein wichtiges **Merkwort.**

Wo ich stehe, sage ich nicht. Eines verrate ich: Meine Aufpass-Stelle ist ein **stummes h.**

Ich bin nicht leicht zu schreiben. Meine Aufpass-Stelle **v** steht gleich am **Anfang.**

Fehler verbessern

Ein Wort, das du falsch geschrieben hast, schreibst du auf eine Karteikarte. Diese steckst du in das rote Fach. Wenn du deiner Meinung nach das Fehlerwort oft genug geübt hast, kommt die Karteikarte in das grüne Fach.

Die Wörter im grünen Fach lässt du dir **diktieren**. Wenn du sie **3 Mal** richtig geschrieben hast, kannst du die jeweilige Karte aus dem Kästchen entfernen, weil du das Wort nun sicher schreiben kannst.

98 So gelingt deine Verbesserung: Du schreibst auf die Karteikarten zu den Wörtern **verwandte** Formen auf. Fülle jetzt die **rechten** Kärtchen aus.

Verbesserung von **Verben** (Tunwörtern):

essen ich esse er isst (= andere Person)	**nehmen** ich ________ er ________

Verbesserung von **Nomen** (Namenwörtern):

die Stadt die Städte (= Mehrzahl)	**der Baum** die ________

Verbesserung von **Adjektiven** (Wiewörtern):

alt das alte Auto	**schnell** der ________ Hase

Nachschlagen

Im Wörterverzeichnis (Seite 83–92) sind die Wörter nach dem Abc geordnet. Wenn du das Abc auswendig kannst, findest du ein Wort schneller.

99 Trage die fehlenden Buchstaben ein.

A	B	C	D		F	G			J	K	L	M	►
►		O	P		R			U		W	X		Z

100 Ergänze in der linken Spalte die fehlenden Buchstaben des Alphabets.

Jetzt sprich Buchstaben und Reime mehrmals laut.

A				E
F				J
K				O
P				T
U				Y
				Z

Dem E tut gar nichts weh.
Das J, das liebt Kompott.
Das O hat einen Floh.
Das T schreit laut: juchhe!
Das Y hat kein Telefon.
Das Z, das ist so nett.

01 Wie gut kannst du eigentlich das Abc?
Sage es auf und miss die Zeit.

Ich brauche ☐ Sekunden.

02 In jeder Reihe sind die Buchstaben durcheinandergepurzelt. Schreibe sie in alphabetischer Reihenfolge rechts in die leeren Kästchen.

E	I	G	D	J	H	F	D	E	F				
R	P	N	Q	O	S	M							
W	U	Z	X	T	Y	V							

03 Welche **drei** Buchstaben **folgen**?

M			
Q			
E			
C			
S			
W			

104 Welche **zwei** Buchstaben stehen **davor**?

		X			L			D			S
		C			V			M			F

105 Ordne die folgenden Wörter nach dem **Abc**.
Schreibe die Reihenfolge in **Zahlen** in die Kästchen.

Juni	Dienstag	Tee	essen	quaken	April	Schnee
					1	

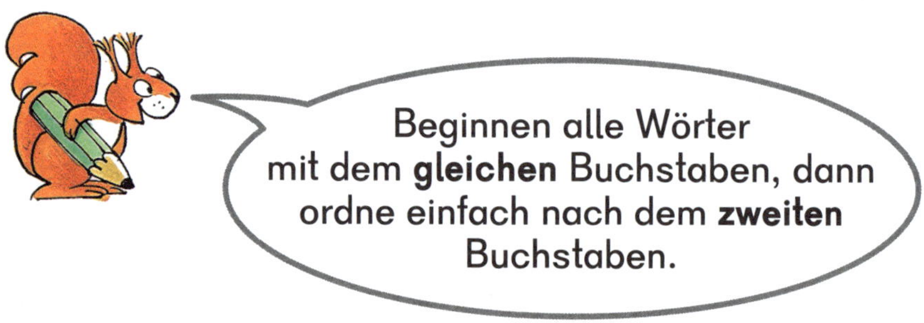

106 Ordne diese Wörter nach dem **2. Buchstaben**.

Stein	suchen	Sommer	singen	sechs	Saft	Schere
					1	

07 Diese Wörter ordnest du nach dem **3. Buchstaben.**

fast	Farbe	fangen	Faden	falsch	faul	Familie
			1			

08 Welches Wort steht im **Wörterverzeichnis** als erstes bei den folgenden Buchstaben?

H	R	Z
S	C	F

09 Schreibe darunter, was die Bilder darstellen.

19

110 Suche jetzt die Wörter von Aufgabe **109** im Wörterverzeichnis. **Kontrolliere**, ob du sie richtig geschrieben hast, und **verbessere** sie, wenn nötig. Schreibe die **Seitenzahlen** auf, wo du die Wörter gefunden hast.

Seite

Seite

Seite

Seite

Seite

Seite

111 Suche die **Monatsnamen** von September an und schreibe die Seitenzahlen auf.

Monat	Seite	Monat	Seite
September			

Nomen (Namenwörter) stehen im Wörterverzeichnis in der **Einzahl**, bei schwierigen Formen findest du daneben die **Mehrzahl**.

12 Suche die **Mehrzahl** im Wörterverzeichnis.

Einzahl	Mehrzahl	Seite
der Hals		
das Lexikon		
der Käfer		

Verben stehen im Wörterverzeichnis in der **Grundform**.
Oft findest du noch die **Personalform**: **er** spricht.

13 Suche die **Personalform** im Wörterverzeichnis.

Grundform	Personalform	Seite
geben	er	
sehen	er	
schlagen	er	

Hier habe ich
einige Ideen für dich gesammelt, wie
du mit Diktattexten üben kannst!
Außerdem findest du auf den folgenden
Seiten noch einige Diktate zum Üben.
Viel Spaß!

Unterschiedliche Möglichkeiten, Diktate zu üben:

Selbstdiktat:

Lies dir immer einen Satz aufmerksam durch. Schreibe ihn auswendig auf. Vergleiche und verbessere Fehler sofort. Dann schau dir den nächsten Satz an! Mache so weiter, bis du den ganzen Text richtig aufgeschrieben hast!

Laufdiktat:

Hänge oder lege den Diktattext an einen Ort, der von deinem Schreibtisch etwas entfernt ist. Nun läufst du zu deinem Diktat und merkst dir einen Teil. Dann laufe zurück zu deinem Schreibtisch und schreibe den Teil auf. Wenn du auf diese Weise das ganze Diktat aufgeschrieben hast, holst du den Text und verbesserst deine Fehler.

Weitere Übungsmöglichkeiten für die Arbeit mit Texten:

1. Suche dir deine fünf schwierigsten Wörter aus dem Text heraus. Baue die Wörter einzeln auf! Schreibe so: **O Oh Ohr.**

2. Unterstreiche im Text alle Nomen (Namenwörter).

3. Tippe blind auf ein Wort im Diktat. Lies es laut und schreibe es danach auswendig auf. Vergleiche!

Der Herbst

Im Herbst ist es kalt. Es gibt Nebel und Regen. Die Blätter werden bunt und fallen von den Bäumen. Ich nehme meinen warmen Mantel und gehe in den Garten. Ich suche bunte Blätter. Im Haus lege ich sie in ein Buch. Morgen werde ich ein schönes Bild damit kleben.

Gewitter in der Nacht

Jonas schläft. In der Nacht kommt das Gewitter. Es blitzt. Jonas Zimmer wird ganz hell. Er wartet noch eine kurze Zeit. Nun steht er auf. Schnell läuft er zu Mutter. Er nimmt Mutters Hand und sagt: „Du musst keine Angst haben. Ich bin bei dir."

Zugvögel

Von August bis Oktober fliegen Zugvögel in warme Länder. Sie wissen genau, wann es Zeit ist. Heute treffen sich Schwalben auf der Stromleitung. Nun fliegen sie alle los. Sie ordnen sich und beginnen ihre weite Reise.

Die schöne Sommerzeit

Im Juli und August haben viele Kinder keine Schule. Wenn das Wetter schön ist, gehen sie schwimmen. Das lieben alle Kinder. Sie liegen in der Sonne auf der Wiese. Sie essen ein Eis und spielen mit dem Ball. Dann tauchen sie im Wasser. Keiner denkt da an den Winter mit Kälte und Schnee. Der Sommer macht Freude.

Bodo lebt auf einer Burg

Bodo ist sieben Jahre alt. Er will Ritter werden. Er lebt bei seinem Onkel Falko auf der Burg Nebelfeld. Bei Bruder Jakob lernt er lesen und schreiben. Onkel Falko zeigt ihm, wie man reitet, mit dem Bogen umgeht und schwimmt. Mit vierzehn bekommt er sein eigenes Pferd. Wenn er groß ist, wird er zum Ritter geschlagen.

Schwarzes Pferd

Seit einer Woche spielt Paul Indianer. Sein Name ist „Schwarzes Pferd“. Er liebt seine neue Wohnung im Garten. Es ist ein Tipi. So nennen die Indianer ihre Zelte. Doch heute hat er Streit mit Vater. Aber am Abend ist alles wieder gut. Sie sitzen im Zelt und trinken heiße Schokolade.

Junge Wölfe

Die jungen Wölfe toben in der Sonne. Ihre Eltern sitzen daneben und achten auf sie. Es gibt viel Platz auf der Wiese. Ein Wolf läuft in eine Hecke. Die Mutter sucht ihn. Die besten Freunde der kleinen Wölfe sind die Raben. Sie spielen oft zusammen. Die Raben warnen die scheuen Tiere vor Bären und Menschen.

Zaubersaft

Nina ist Torwart. Bis zur Halbzeit hat sie drei Bälle nicht gehalten. Sie ist traurig. Kevin kommt mit einer Flasche. Nina soll daraus trinken. Der Saft hat Zauberkräfte. Nina trinkt. Danach hält sie jeden Ball. Nach dem Spiel ist Kevin nicht mehr zu sehen. Aber die Flasche liegt noch da. Was steht darauf? Nina liest: Apfelsaft.

Was sitzt denn da?

Laura spielt mit ihrer Freundin. Nun muss sie nach Hause. Laura freut sich schon auf Vater. Vor Freude singt sie laut. Da sitzt ein blauer Schmetterling auf einem Strauch. Laura sieht ihn lange an. Da sitzt noch ein Tier auf dem Boden. Laura nimmt den Käfer in die Hand. Da breitet er die Flügel aus und fliegt in den Himmel.

Schulen für Afrika

Naimas Eltern haben eine Kuh. Die Familie trinkt ihre Milch. Alle essen das Gemüse aus dem Garten. Naima muss hart arbeiten und Stunden auf ihre kleinen Brüder und Schwestern achten. Viele Mädchen in Afrika leben wie Naima. Sie müssen den Eltern helfen. Naima wünscht sich einen Platz in der Schule. Sie will lernen. Doch das Schulhaus ist alt und klein. Es hat nur zwei Klassenzimmer. Jeder von uns kann Geld spenden für Schulen in Afrika.

A

ab
der Abend, die Abende
aber
acht
alle, alles
als
also
alt
die Ampel
an, an der Ampel
die Ananas
andere
die Angst, die Ängste
antworten
der Apfel, die Äpfel
der April
arbeiten, er arbeitet
arm
der Arm
der Ast, die Äste
die Aufgabe, die Aufgaben
das Auge, die Augen
der August
das Auto

B

das Baby, die Babys
baden
der Ball, die Bälle
die Banane
die Bank, die Bänke
der Bauch, die Bäuche
bauen
der Baum, die Bäume
beide, beides
das Bein, die Beine
bekommen,
er bekommt
das Bett, die Betten
bewegen
bezahlen
die Biene
das Bild, die Bilder
ich bin
die Birne
bis, bis jetzt
du bist
bitten
das Blatt, die Blätter
blau

bleiben, er bleibt
blühen, es blüht
die Blume
die Blüte
der Boden, die Böden
böse
brauchen
braun
der Brief
bringen, er bringt
das Brot, die Brote
das Brötchen
der Bruder, die Brüder
das Buch, die Bücher
bunt
der Busch, die Büsche

C

der Cent
der Christbaum
der Computer

D

da
danken
dann
dein, deine, deiner
denken
denn
der Dezember
der Dienstag
dies
diese, dieser, dieses
dir
doch
der Donnerstag
die Dose
drei
dunkel
durch
dürfen, er darf
die Dusche

E

das Ei, die Eier
der Eimer
ein, eine, einer
eins
das Eis
elf

die Eltern
das Ende
eng
die Ente
die Erde
erzählen, er erzählt
der Esel
essen, er isst
euch
die Eule
der Euro

F

fahren, er fährt
fallen, er fällt
falsch
die Familie
fangen, er fängt
der Februar
fein
das Feld, die Felder
das Fenster, die Fenster
fertig
das Feuer
finden
der Finger, die Finger
der Fisch
die Fliege
fliegen, er fliegt
der Flügel, die Flügel
flüssig
fragen, er fragt
die Frau
der Freitag
fremd, der Fremde
freuen
die Freude
der Freund
die Freundin
frisch
die Frucht, die Früchte
der Frühling
füllen
der Füller
fünf
für
der Fuß, die Füße

G

ganz
der Garten, die Gärten
geben, er gibt
gehen, er geht
gelb
das Geld
das Gemüse
gern
das Gesicht, die Gesichter
gestern
gesund
gleich
das Gras, die Gräser
groß
grün
gut

H

das Haar, die Haare
haben, du hast, er hat
der Hals, die Hälse
halten, er hält
die Hand, die Hände
hart
der Hase
das Haus, die Häuser
die Haut, die Häute
die Hecke
heiß
heißen, er heißt
helfen, er hilft
hell
das Hemd, die Hemden
her, hin und her
der Herbst
der Herr
heute
die Hexe
hier
die Hilfe
der Himmel
hinter
hoch
holen, er holt
hören, er hört
die Hose
der Hund, die Hunde
hundert
der Hut

I

der Igel, die Igel
ihm
ihn
ihr
immer
er ist

J

das Jahr
der Januar
jetzt
der Juli
der Junge
der Juni

K

der Käfer, die Käfer
der Kalender
kalt
die Kälte
die Katze
kaufen
kein, keine, keiner
das Kind, die Kinder
die Kirche
die Kirsche
die Klasse
das Kleid, die Kleider
klein
kommen, er kommt
können, er kann
der Kopf, die Köpfe
der Körper, die Körper
krank
das Kraut, die Kräuter
das Krokodil
die Kuh, die Kühe
kurz

L

lachen
lang
langsam
laufen, er läuft
laut
leben, er lebt
legen, er legt
leicht
leise

die Leiter
lernen
lesen, er liest
die Leute
das Lexikon, die Lexika
das Licht, die Lichter
lieb
lieben, er liebt
liegen, er liegt

M

machen
das Mädchen, die Mädchen
der Mai
malen
man
der Mann, die Männer
der März
die Maus, die Mäuse
mein, meine, meiner
die Melone
die Minute
mir
mit
der Mittwoch
der Monat
der Mond
der Montag
morgen
der Mund, die Münder
müssen, er muss
die Mutter, die Mütter

N

nach
die Nacht, die Nächte
der Name
die Nase
der Nebel
nehmen, er nimmt
neu
neun
nicht
nichts
der November

O

ob
das Obst

oder
oft
das Ohr
der Oktober
der Onkel
das Ostern

P

das Paket
das Papier
das Pferd, die Pferde
pflanzen, er pflanzt
pflegen, er pflegt
die Pizza, die Pizzas, die Pizzen
der Platz
die Pommes
die Puppe

Q

das Quadrat
quaken
der Quark
quer

R

das Rad, die Räder
die Rakete
die Raupe
rechnen
reden
der Regen
reich
reisen
rennen, er rennt
richtig
der Rock
rollen, er rollt
die Rose
rot
der Rücken
rufen, er ruft
die Rutsche

S

der Saft, die Säfte
sagen, er sagt
das Salz
der Samstag
der Sand

sandig
der Satz, die Sätze
schauen
scheinen
die Schere
das Schiff
schlafen, er schläft
schlagen, er schlägt
der Schmetterling
der Schnee
schneiden
schnell
schön
schreiben, er schreibt
schreien
der Schuh, die Schuhe
die Schule
schwarz
die Schwester
schwimmen, er schwimmt
sechs
sehen, er sieht
sehr
die Seife
sein, seine, seiner
seit
die Sekunde
der September
sieben
sie sind
singen, er singt
sitzen, er sitzt
der Sohn, die Söhne
sollen
der Sommer
die Sonne
der Sonntag
die Spagetti
sparen
spielen
der Sport
die Stadt, die Städte
der Stängel
die Stange
stehen, er steht
der Stein
stellen, er stellt
der Stern
der Stiefel
der Stift
still

die Stirn
die Straße
der Strauch, die Sträucher
die Stunde
suchen

T

der Tag, die Tage
die Tanne
die Tante
die Tasche
der Teddy
der Tee
das Telefon
die Temperatur
das Thermometer
das Tier
der Tisch
die Tochter, die Töchter
die Tomate
tragen, er trägt
trinken
tun
die Tür
turnen

U

üben, er übt
die Uhr
und
unten

V

der Vater, die Väter
der Verkehr
versuchen
viel
vier
der Vogel, die Vögel
voll
vom
von
vor

W

der Wagen
die Wand
wann
der Wald, die Wälder
warm
die Wärme

warten
warum
was
waschen, er wäscht
das Wasser
der Weg, die Wege
das Weihnachten
weil
weiß
weit
weiter
welche, welcher
wem
wen
wenig
wenn
werden, er wird
das Wetter
wieder
die Wiese
der Wind, die Winde
der Winter
die Woche
wohnen
wollen, er will
das Wort, die Wörter
wünschen
die Wurzel, die Wurzeln

Z

die Zahl
zählen
der Zahn, die Zähne
der Zaun
das Zebra
die Zehe
zehn
zeigen, er zeigt
die Zeit, die Zeiten
das Zimmer
der Zucker
zum
zur
zusammen
zwei
die Zwiebel
zwölf

....

Name

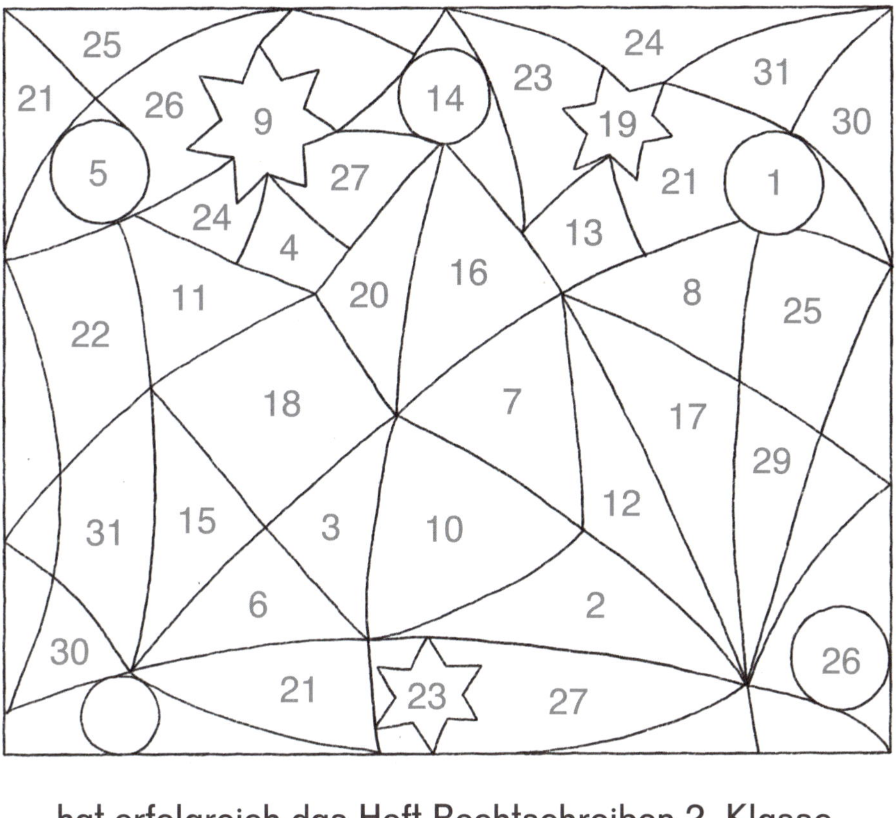

hat erfolgreich das Heft Rechtschreiben 2. Klasse bearbeitet und ist somit Rechtschreibkönig!